DISCOURS

PRONONCÉ LE 14 MAI 1887

AUX OBSÈQUES

DE

M. JEAN-BAPTISTE-JOSEPH-DIEUDONNÉ BOUSSINGAULT,

MEMBRE DE L'ACADÉMIE DES SCIENCES,

PROFESSEUR AU CONSERVATOIRE NATIONAL DES ARTS ET MÉTIERS,

PAR

M. LE COLONEL LAUSSEDAT,

DIRECTEUR DE L'ÉTABLISSEMENT.

PARIS.

IMPRIMERIE NATIONALE.

———

M DCCC LXXXVII.

DISCOURS

PRONONCÉ LE 14 MAI 1887

AUX OBSÈQUES

DE

M. JEAN-BAPTISTE-JOSEPH-DIEUDONNÉ BOUSSINGAULT,

MEMBRE DE L'ACADÉMIE DES SCIENCES,

PROFESSEUR AU CONSERVATOIRE NATIONAL DES ARTS ET MÉTIERS,

PAR

M. LE COLONEL LAUSSEDAT,

DIRECTEUR DE L'ÉTABLISSEMENT.

PARIS.

IMPRIMERIE NATIONALE.

———

M DCCC LXXXVII.

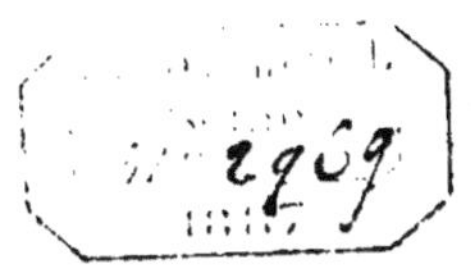

DISCOURS

PRONONCÉ

AUX OBSÈQUES

DE

M. JEAN-BAPTISTE-JOSEPH-DIEUDONNÉ BOUSSINGAULT,

MEMBRE DE L'ACADÉMIE DES SCIENCES,
PROFESSEUR AU CONSERVATOIRE NATIONAL DES ARTS ET MÉTIERS.

MESSIEURS,

Le Conservatoire des arts et métiers, qui a eu l'insigne honneur de compter, pendant quarante-deux ans, au nombre de ses professeurs, le savant illustre dont nous suivons le deuil, m'a remis le soin d'apporter au bord de cette tombe le tribut de son profond respect, de sa profonde admiration pour celui sur qui elle va se refermer.

Il y a des hommes dont le nom justement glorifié jette sur les institutions auxquelles il a été associé un éclat qui, quels que soient les autres titres de ces institutions à la reconnaissance publique, contribue singulièrement à les rehausser.

Boussingault était un de ces hommes, et je ne suis que l'interprète de mes collègues en déclarant que nous ressentons tous, avec une émotion indicible, l'étendue de la perte que nous faisons, de celle, devrais-je dire, que fait le pays.

Avant de rappeler les qualités éminentes du professeur qui a été l'un des créateurs de l'utile science qu'il enseignait, qu'il me soit permis de retracer, à grands traits, l'une des carrières les mieux remplies, les plus dignes d'être offertes en exemple aux jeunes générations.

Né à Paris le 2 février 1802, Jean-Baptiste Boussingault, après avoir suivi les cours de l'École des mineurs de Saint-Étienne. était chargé, à l'âge de vingt ans, d'une double mission scientifique et industrielle dans l'Amérique du Sud.

Doué d'une rare intelligence et d'une activité merveilleuse, le jeune ingénieur, avant de s'embarquer pour des contrées lointaines et mal connues, n'avait rien négligé pour acquérir les connaissances nécessaires aux voyageurs. Il avait, dans ce but, fréquenté le Muséum et l'Observatoire de Paris et s'était familiarisé avec les méthodes d'observation et l'emploi des instruments d'astronomie et de météorologie, dans le choix desquels il avait été guidé par Arago et Mathieu qui lui avaient prodigué leurs conseils.

Parti d'Anvers le 22 septembre 1822, *le Patriote*, brick américain de dix-huit canons sur lequel s'était embarqué notre aventureux compatriote, après une relâche à l'île de Wight et un combat naval, en vue de Tabago, dont il était sorti victorieux, jetait l'ancre le 22 novembre à La Guayra. qui est le port de Caracas, dans la mer des Antilles.

A peine débarqué, Boussingault déballait ses instruments et commençait immédiatement les observations barométriques et thermométriques destinées à élucider l'intéressante question de la régularité des variations diurnes de la pression atmosphérique sous la zone tropicale.

Ainsi, dès son début, après avoir assisté à un combat

entre le brick qui le portait et une frégate espagnole, l'intrépide et tenace jeune homme ne se laissait pas distraire un seul instant de ses préoccupations scientifiques.

Il devait continuer ce régime pendant toute la durée de son séjour en Colombie, où son existence fut effectivement partagée entre ses devoirs militaires, ses fonctions d'ingénieur et ses travaux d'explorateur.

Je dis ses devoirs militaires, et peut-être cela surprendra-t-il quelques-uns des assistants; j'ajoute donc que l'un des titres auxquels il attachait le plus de prix était son grade de colonel honoraire dans l'armée de Colombie.

C'est qu'en effet ce titre lui rappelait bien des souvenirs honorables de sa vaillante jeunesse, en même temps que l'affection paternelle que lui avait toujours témoignée le libérateur de l'Amérique du Sud, l'illustre Bolivar, à l'état-major duquel il fut attaché pendant dix ans.

S'il m'était permis de faire un rapprochement, je comparerais, sans hésiter, les relations du jeune volontaire français avec le général Bolivar, à celles de notre autre héroïque compatriote Lafayette avec Washington, et sans prétendre mettre en balance les services de Boussingault et ceux de Lafayette, je n'en conclurais pas moins que notre pays a le droit d'être fier de voir ses plus nobles enfants se mettre partout au service des peuples opprimés qui se sentent dignes de la liberté. Si le nom de la France est aimé et respecté dans les deux Amériques, n'oublions jamais que nous le devons à ces hommes de cœur, aussi désintéressés que dévoués, qui en représentent si bien les généreux instincts et la véritable grandeur; surtout, comme c'est le cas pour Boussingault, quand, en dehors des vertus militaires, ils joignent le prestige de la science à cette ardeur infatigable pour le travail qui est le signe certain des fortes races.

Boussingault a beaucoup voyagé en Colombie, au Pérou, en Bolivie, et fait de nombreuses ascensions dans les Cordillères des Andes, criblées, comme on sait, de solfatares, de volcans éteints en apparence et de volcans en pleine activité. Les phénomènes dont il était témoin lui inspiraient le désir de remonter à leurs causes et il recueillait sans cesse, pour les analyser, les gaz, les vapeurs, les eaux qui se dégageaient des crevasses du sol ou se répandaient sur la terre; il faisait de même des cendres, des scories, des laves et de toutes les déjections volcaniques. Il n'étudiait pas moins attentivement les autres terrains, les roches et les filons métallifères qui étaient même le principal objet de ses recherches professionnelles. C'est ainsi qu'en parcourant la province d'Antioquia et ses exploitations aurifères, il reconnaissait en 1826 le véritable gisement du platine qu'aucun géologue n'était encore parvenu à débrouiller. Il annonçait aussitôt cette importante découverte à Humboldt qui s'empressait de la publier avec un commentaire que je crois devoir citer, parce qu'il donne une idée de la haute estime que ce jeune homme de 24 ans avait déjà su inspirer à son illustre devancier.

« C'est, dit Humboldt, au talent et à la surprenante activité de M. Boussingault, qui, depuis son arrivée à La Guayra, à la fin de 1822, a enrichi la chimie, la météorologie et la géographie astronomique de travaux précieux, qu'est due seule cette découverte géognostique. »

Au nombre des plus importantes recherches de Boussingault sur la physique du globe dans ses rapports avec l'agriculture, je signalerai son mémoire sur l'influence

des défrichements dans la diminution des cours d'eau,
dont les éléments furent encore recueillis, pour la plupart,
en Amérique et quelques-uns en Europe, particulièrement
en Suisse, par lui-même ou plutôt en comparant ses observations avec celles des voyageurs qui l'avaient précédé,
souvent même de très loin.

Je voudrais, à ce propos, pouvoir insister sur le soin
scrupuleux qu'il apportait, dans toutes ses citations, à
mettre en relief le mérite des savants qui l'avaient précédé
dans l'étude des questions dont il s'occupait. Ses mémoires
les plus originaux contiennent presque tous une véritable
bibliographie qui fait autant d'honneur à sa loyauté qu'à
son immense érudition.

En cherchant à suivre partout l'explorateur de la
Colombie, je craindrais d'empiéter sur le domaine de la
chimie ou de la physiologie végétale si je citais les recherches de Boussingault sur le lait de l'arbre de la vache, sur
le palmier à cire, sur les guanos, sur les eaux thermales
de la province de Vénézuéla et sur tant d'autres objets
qui sollicitaient l'attention du savant naturaliste qu'on ne
saurait mieux qualifier qu'en le traitant d'émule de
Humboldt [1].

Il me sera permis toutefois de dire que, pendant ses

---

[1] Bien que, pour ne pas empiéter sur le domaine de la chimie, je me
sois abstenu de citer les études de Boussingault sur la transformation du
fer en acier par la cémentation, et ses autres recherches métallurgiques,
je ne saurais résister, dans cette note, à la tentation de rapporter un fait
plutôt anecdotique que scientifique. Boussingault avait trouvé en Amérique
une certaine quantité de fer météorique avec lequel il eut l'idée de faire
fabriquer une épée qu'il offrit en souvenir à Bolivar; « mais, disait-il, je
l'engageai bien à ne pas s'en servir, elle ne valait rien pour se battre : c'était
plutôt une épée d'académicien ».

longues, pénibles et souvent périlleuses expéditions, Boussingault, qui ne s'embarrassait guère de bagages, avait cependant toujours avec lui ses instruments astronomiques et une trousse de minéralogiste qui contenait une petite balance.

Il se plaisait à raconter que, dans bien des circonstances, il lui était arrivé de faire des essais et jusqu'à des analyses, un peu sommaires à la vérité, sans descendre de cheval.

Celui de ses instruments qui lui donnait le plus de soucis était son baromètre de Fortin, dont il se séparait rarement, ne voulant le confier à personne. Il lui arrivait même de l'emporter en campagne, je veux dire dans des expéditions militaires, et alors ses inquiétudes redoublaient.

« Avez-vous jamais, me demandait-il un jour, entendu une fusillade à 4,000 mètres au-dessus du niveau de la mer ? » Et comme je lui avouais que non : « Eh bien, ajouta-t-il, nous nous sommes battus une fois à cette altitude, dans le voisinage de la métairie d'Antisana ; les coups de fusil faisaient l'effet de coups de fouet éloignés et les balles arrivaient sans qu'on pût s'en douter ; aussi ai-je eu, ce jour-là, une belle frayeur pour mon baromètre ! »

Si j'ose rappeler cette anecdote, dans un pareil moment, c'est que je suis assuré que tous ceux qui ont eu le bonheur de vivre dans la familiarité de M. Boussingault le reconnaîtront à ce trait.

Et ce n'était ni pour se vanter ni pour faire de l'esprit qu'il racontait ce fait surprenant, inattendu ; il jouissait de votre étonnement, voilà tout, et les choses avaient dû, en vérité, se passer à très peu près comme il le disait, tant sa finesse était assaisonnée de bonne foi.

Peu de temps après son retour en France, en 1833, M. Boussingault, dont la réputation scientifique l'avait précédé, était nommé professeur, puis doyen à la faculté des sciences de Lyon où il passa les deux années de 1835 et 1836.

En 1837, il était désigné pour suppléer M. Thénard à la faculté des sciences de Paris, et, en 1839, il entrait à l'Académie des sciences. Sa nomination à l'une des chaires d'agriculture du Conservatoire des arts et métiers date du 18 novembre 1845; il remplaçait un agronome distingué, Leclerc-Thouin, mais il devait modifier profondément le programme de l'enseignement et il vaut mieux dire tout de suite qu'il a réellement créé la chaire qu'il a remplie.

C'est lui, en effet, qui a introduit au Conservatoire les éléments de géologie propres à faciliter l'étude de l'origine et de la constitution de la terre végétale, les notions de physique du globe, de climatologie et de météorologie considérées au point de vue des cultures, les principes généraux de physiologie relatifs à l'alimentation de l'homme et à celle des animaux de la ferme, enfin et surtout l'analyse chimique appliquée à l'agriculture, d'où est venu plus tard le nom de *chimie agricole*, donné à son cours.

Il faut avoir entendu M. Boussingault traiter ces différents sujets avec une sûreté de langage, une simplicité d'exposition, qui rendaient faciles à suivre des démonstrations souvent très délicates, pour comprendre avec quelle attention sympathique, avec quel plaisir des auditeurs d'élite venaient recevoir cet enseignement, qu'ils auraient en vain cherché ailleurs, et, en même temps, y prendre modèle.

Ces auditeurs comprenaient en effet, fréquemment,

surtout le dimanche, des élèves de l'école normale, de jeunes savants étrangers attirés par la grande réputation dont le maître jouissait dans leurs pays, enfin d'illustres savants français au nombre desquels on peut citer MM. Pasteur, Delesse, Mascart, et jusqu'à des hommes du monde et des hommes de lettres, comme M. Saintine, que captivait la parole si claire et parfois si imagée de M. Boussingault.

Il ne m'appartient pas d'expliquer comment le savant ingénieur, le hardi explorateur a été conduit à se faire agronome. Il paraît cependant que ses premiers pas dans cette voie qu'il devait si longuement et si brillamment parcourir ont aussi été faits en Amérique, où la difficulté de nourrir les nombreux ouvriers des mines qu'il dirigeait le contraignit à se faire jardinier, laboureur et éleveur.

Des personnes plus autorisés parleront, avec les éloges qu'ils méritent, de ses travaux agronomiques, de cette célèbre station de Bechelbronn, la première qui fut installée non pas seulement en France, mais en Europe, et de cet admirable laboratoire de physiologie végétale du Liebfrauberg, — résidence d'été de M. Boussingault, — qui en était le complément et l'âme. Partout d'ailleurs où il s'installait, toujours au milieu de ses enfants, M. Boussingault organisait un laboratoire, souvent avec des ustensiles en apparence peu appropriés aux recherches délicates qu'il poursuivait, mais dont il tirait cependant un parti merveilleux.

Sans aborder les sujets qui ne sont pas de ma compétence, il me sera permis de dire que ce qui a fait admirer sans réserve les travaux de Boussingault, partout où l'on a cherché à les contrôler, c'est l'exactitude absolue des faits énoncés, souvent fort difficiles à découvrir.

Ceux qui ont travaillé avec lui ou à côté de lui, son fils, ses préparateurs, ses élèves, n'en étaient point surpris, sachant les précautions infinies dont il s'entourait et la critique sévère à laquelle il soumettait, sans exception, tous les résultats qu'il obtenait.

Jamais, peut-être, plus grande sagacité ne se rencontra unie à plus de probité scientifique.

Cette probité était même associée à une fierté hautaine que l'on aime à rencontrer chez les hommes de cette valeur. Boussingault, qui a tant fait pour la pratique, était surtout et avant tout un savant; il avait l'orgueil en même temps que la conscience de son rôle élevé. Aussi a-t-il toujours refusé de prêter son nom ou son patronage à des entreprises industrielles. Il n'avait aucune autre ambition que de faire de nouvelles découvertes et d'élargir le champ de la science qu'il cultivait avec passion.

Il fut toutefois détourné de sa voie pendant les trois années critiques de 1848 à 1851. Sollicité par ses voisins et amis d'Alsace, il se laissa nommer député à l'Assemblée constituante, où il fut choisi par ses collègues pour entrer au Conseil d'État. A coup sûr il était digne de ce double honneur, et ses opinions libérales, républicaines, l'avaient déterminé à accepter ce qu'il considérait comme un devoir à remplir.

Au Conservatoire des arts et métiers, cependant, cette résolution de Boussingault avait ému ses collègues, qui, espérant toujours qu'il leur reviendrait, s'abstinrent même de dénoncer la vacance de sa chaire.

Je n'ai pas à rappeler ici les tristes événements de 1851,

mais je suis heureux de pouvoir proclamer bien haut que tout ce qui se passa alors au Conservatoire, à propos de la situation de Boussingault, fait le plus grand honneur au corps enseignant tout entier, et en particulier à mon illustre prédécesseur le général Morin.

En définitive, les prévisions des collègues de Boussingault se réalisèrent; il vint reprendre sa place au milieu d'eux, et c'est à lui-même que j'ai entendu plus tard faire cette réflexion digne d'être méditée : « Il y a bien peu de savants à qui la politique ait réussi, et la science y a toujours perdu. »

Pendant sa longue carrière, et à part cet incident, la vie de Boussingault, depuis son mariage en 1835, s'est passée tout entière dans son laboratoire ou sur ses champs d'expériences.

A la fin de la journée, en se retrouvant au milieu de sa famille, il racontait le plus souvent ce qu'il avait fait ce jour-là et ce qu'il comptait faire le lendemain. Sa femme et ses enfants, qui l'entouraient de leur tendresse, écoutaient, toujours charmés, ces conversations qu'avec sa vivacité d'esprit et sa verve inépuisable, il savait rendre attachantes et même amusantes, en dépit de la monotonie apparente du sujet. Il leur racontait aussi ses voyages, et s'estimait heureux d'avoir pu si bien employer ses jeunes années, pour pouvoir se consacrer tout entier, dans l'âge mûr, à ses travaux et aux joies de la famille.

Je serais un historien infidèle si je ne convenais pas que Boussingault attachait beaucoup de prix aux distinctions nombreuses dont il avait été l'objet, mais je me hâte d'ajouter qu'il y tenait d'autant plus qu'il ne les avaient jamais sollicitées. Là encore, d'ailleurs, on retrouve la marque de cette forte et généreuse nature ; parmi toutes ses décorations, toutes ses médailles, il y en avait deux auxquelles il accordait, et de beaucoup, la préférence : c'était la médaille de Copley et la modeste, très modeste médaille qu'il tenait de Bolivar.

Je m'arrête, Messieurs, avec la crainte de n'avoir pas su assez dignement louer l'homme supérieur à qui j'adresse le dernier adieu au nom d'une institution qui gardera religieusement sa mémoire.

Je ne crains d'être contredit par personne en ajoutant que cette gloire si pure, si éclatante, est une de celles que le monde entier peut envier à la France.

Adieu, mon cher et vénéré collègue, adieu, cher et illustre maître.